Impressum
Verlag: BABADADA GmbH, Nedderfeld 112 , 22529 Hamburg
Geschäftsführer / Verlagsleitung: Harald Hof
Druck: Books on Demand GmbH, In de Tarpen 42, 22848 Norderstedt

Imprint
Publisher: BABADADA GmbH, Nedderfeld 112 , 22529 Hamburg, Germany
Managing Director / Publishing direction: Harald Hof
Print: Books on Demand GmbH, In de Tarpen 42, 22848 Norderstedt

baba
école

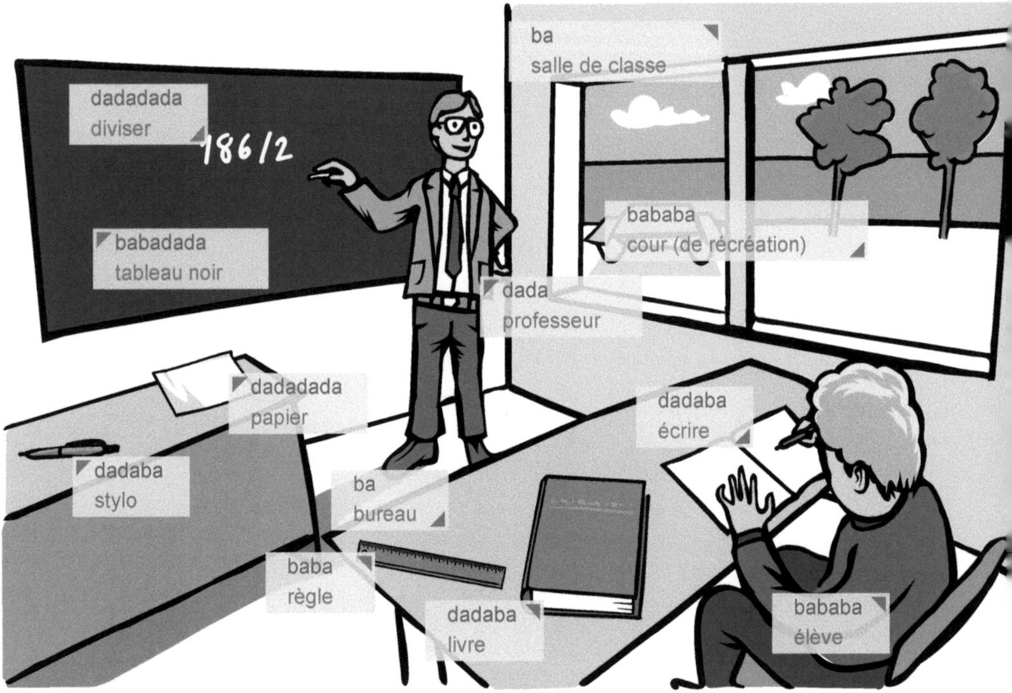
ba
salle de classe
dadadada
diviser
186/2
babadada
tableau noir
bababa
cour (de récréation)
dada
professeur
dadadada
papier
dadaba
écrire
dadaba
stylo
ba
bureau
baba
règle
dadaba
livre
bababa
élève

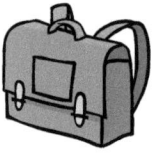

dadaba
cartable

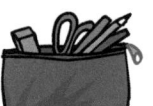

dada
trousse

bababa
crayon

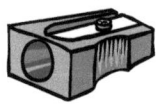

dadaba
taille-crayon

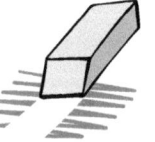

baba
gomme

ba
carnet à dessin

bababa

dessin

ba

pinceau

dada

boîte de peinture

babadada

ciseaux

dadaba

colle

dadadada

cahier d'exercices

babadada

devoirs

bababa

chiffre

dadaba

additionner

bababa

soustraire

badada

multiplier

dadababa

calculer

babababa

lettre

babababa

alphabet

dada

mot

babadada

texte

dadadada

lire

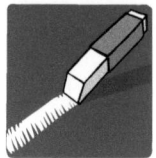

dada

craie

babababa

leçon

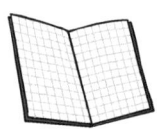

ba

livre de classe

baba

examen

babababa

certificat

babadada

uniforme scolaire

babababa

formation

dadababa

lexique

babababa

université

dadababa

microscope

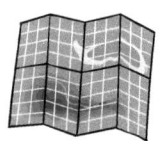

bababa

carte

babadada

corbeille à papier

baba
voyage

babadada
hôtel
Grand
dadaba
auberge
ROOMS
CHANGE
dadadada
bureau de change
dada
valise
ado
voiture

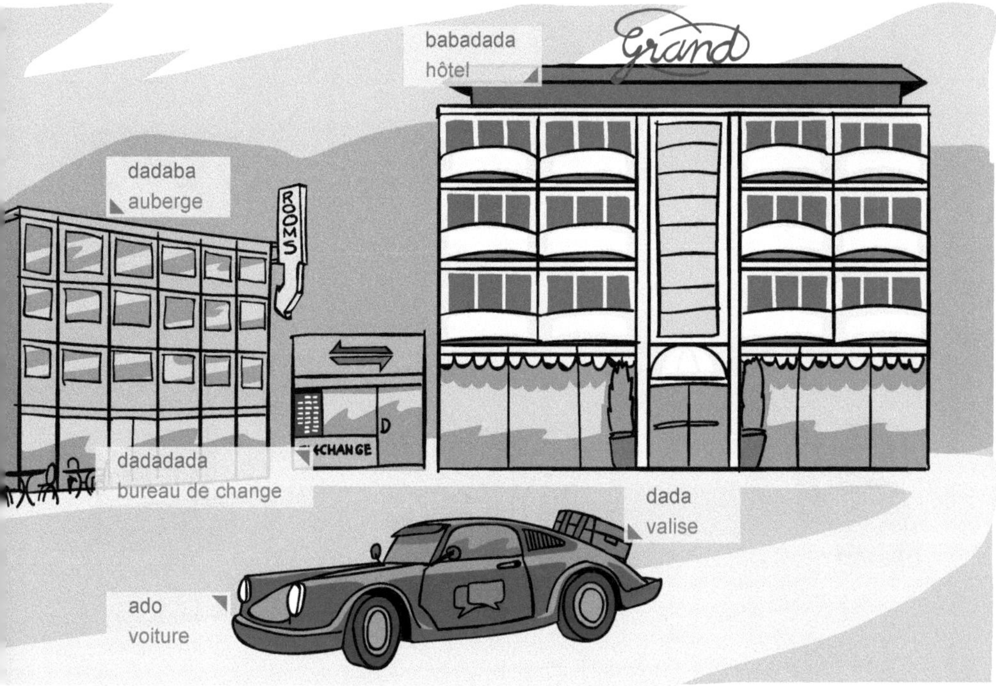

dadadada
langue

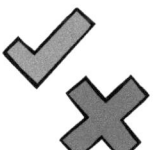

da / meh
oui / non

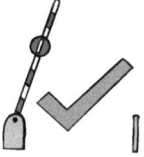

Oh
d'accord

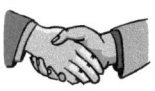

ba
Salut

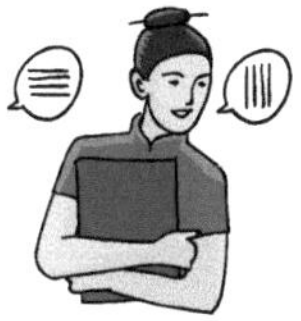

dada
interprète

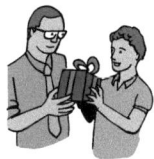

dada
merci

babababa

Combien coûte...?

ah

Je ne comprends pas

dadaba

problème

ba dada

Bonsoir !

babadada

Bonjour !

heia!

Bonne nuit !

dadaba

Au revoir

badada

direction

dada

bagages

babababa

sac

babababa

sac-à-dos

baba

hôte

dadadada

pièce

dadadada

sac de couchage

dada

tente

dadadada

office de tourisme

badada

plage

babadada

carte de crédit

dadababa

petit-déjeuner

baba

déjeuner

bababa

dîner

dada

billet

dada

ascenseur

babadada

timbre

badada

frontière

dadaba

douane

babadada

ambassade

dadaba

visa

dada da da da

passeport

dadadada
transport

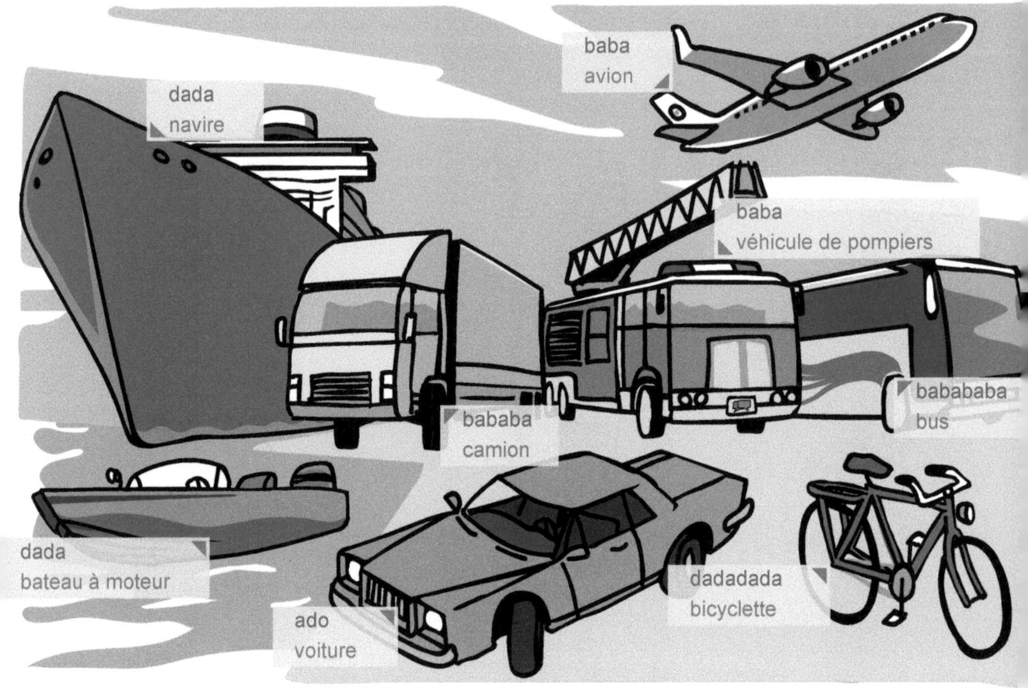

baba
avion
dada
navire
baba
véhicule de pompiers
bababa
camion
babababa
bus
dada
bateau à moteur
dadadada
bicyclette
ado
voiture

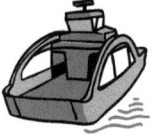

babadada

ferry

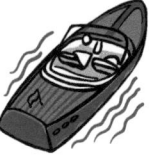

baba

barque

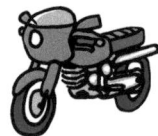

bababa

moto

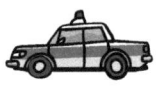

ado

voiture de police

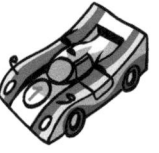

ado

voiture de course

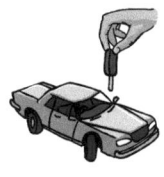

auto

voiture de location

dada

auto-partage

ado

voiture de remorquage

ado

benne à ordures

brumbrum!

moteur

bababa

essence

dada

station d'essence

dadaba

panneau indicateur

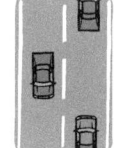

badada

trafic

ado ado

embouteillage

babadada

parking

babababa

gare

dada

rails

dadaba

train

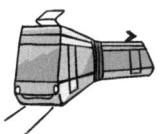

baba

tramway

dadaba

wagon

baba

hélicoptère

baba

aéroport

dadaba

tour

baba

passager

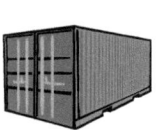

badada

conteneur

dada

carton

baba

chariot

dadadada

corbeille

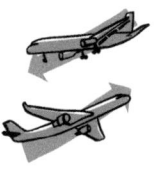

da / bada

décoller / atterrir

dadaba
ville

bababa

village

dadababa

centre-ville

dadaba

maison

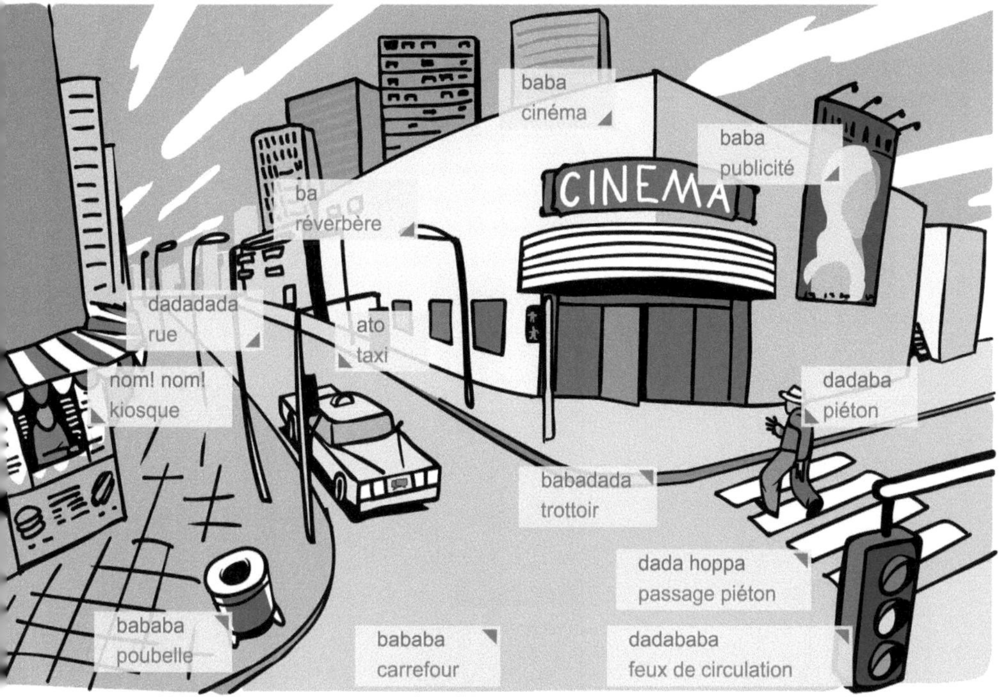

baba
cinéma

baba
publicité

ba
réverbère

dadadada
rue

ato
taxi

nom! nom!
kiosque

CINEMA

dadaba
piéton

babadada
trottoir

dada hoppa
passage piéton

bababa
poubelle

bababa
carrefour

dadababa
feux de circulation

babadada

cabane

dadadada

appartement

babababa

gare

dadaba

mairie

bababa

musée

baba

école

bababababa

université

dadadada

banque

aua!

hôpital

babadada

hôtel

aua!

pharmacie

baba

bureau

bababa

librairie

ba

magasin

dadaba

fleuriste

dada nom nom

supermarché

dadadada

marché

dadadada

grand magasin

nom! nom!

poissonnerie

baba

centre commercial

ba

port

dadadada
parc

baba
banque

babababa
pont

dadadada
escaliers

bababa
métro

baba
tunnel

ba
arrêt de bus

babababa
bar

nom nom!
restaurant

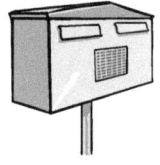

dadaba
boîte à lettres

dada
panneau indicateur

baba
parcmètre

bababa
zoo

dada
piscine

baba
mosquée

dadaba
ferme

dadababa
pollution

bababa
cimetière

ba
église

dadababa
aire de jeux

bababa
temple

dada

paysage

baba
feuille

baba
panneau indicateur

dada
chemin

bababa
pré

baba
pierre

dada
randonneur

dadababa
arbre

bababa
rivière

dada
herbe

mama!
fleur

badada

vallée

bababa

montagne

dadadada

lac

dadadada

forêt

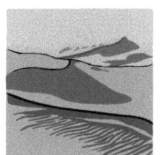

dadababa

désert

dadaba

volcan

babababa

château

dadaba

arc-en-ciel

bababa

champignon

dadababa

palmier

aua!

moustique

badada

mouche

dadababa

fourmis

summ summ

abeille

dada

araignée

dadaba

coléoptère

quak

grenouille

dadababa

écureuil

dadaba

hérisson

baba

lièvre

gackgack

chouette

gackgack

oiseau

gackgack

cygne

babadada

sanglier

dadadada

cerf

dadadada

élan

dadadada

barrage

ba

éolienne

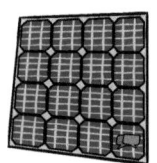

dadadada

panneau solaire

bababa

climat

dadadada
serveur

baba
menu

dadaba
chaise

nom! nom!
soupe

nom nom!
pizza

ba
couverts

babababa
nappe

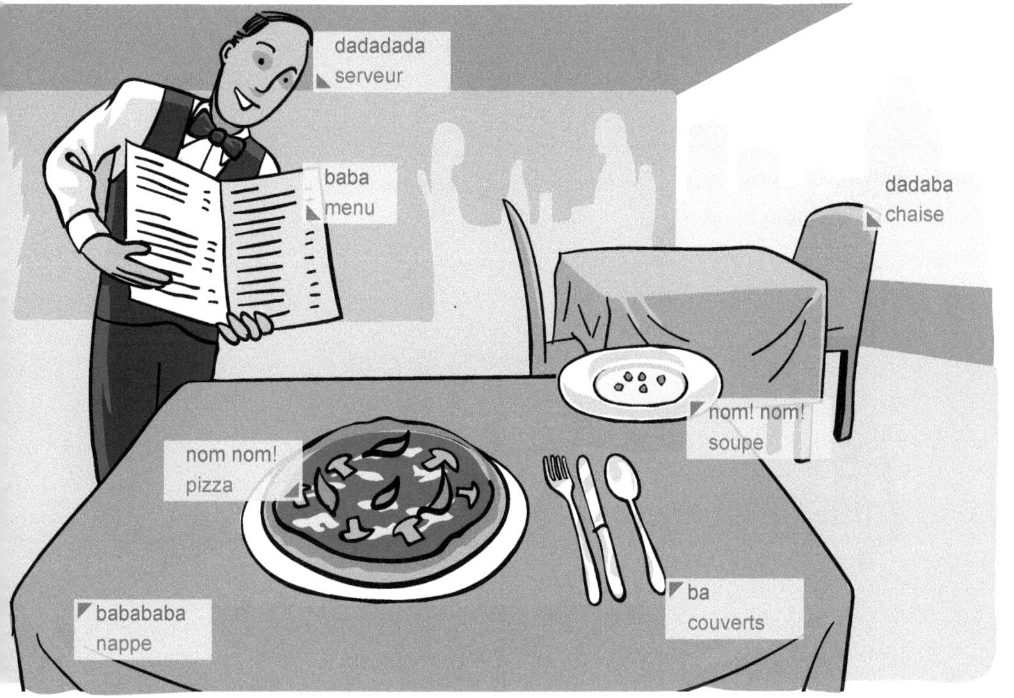

nom! nom!
hors d'œuvre

nom! nom!
plat principal

nom nom!
dessert

dadababa
boissons

nom nom!
alimentation

nom nom!
bouteille

nom! nom!

fast-food

nom! nom!

plats à emporter

bababababa

théière

nom! nom!

sucrier

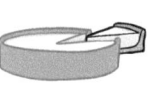

nom nom!

portion

dadaba

machine à expresso

bababa

chaise haute

ba

facture

bababa

plateau

ba

couteau

babadada

fourchette

dadaba

cuillère

bababa

cuillère à thé

dadaba

serviette

ba

verre

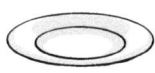

nom nom!

assiette

bababa

assiette à soupe

bababa

soucoupe

nom! nom!

sauce

dadadada

salière

dadaba

moulin à poivre

bähbäh

vinaigre

dadababa

huile

dadababa

épices

nom! nom!

ketchup

nom! nom!

moutarde

nom nom!

mayonnaise

dada nom nom

supermarché

dadababa
offre promotionnelle
dadaba
client
dadaba
produits laitiers
nom nom!
fruits
baba
chariot
FOR

BUTCHERS

dadaba

boucherie

BAKERY

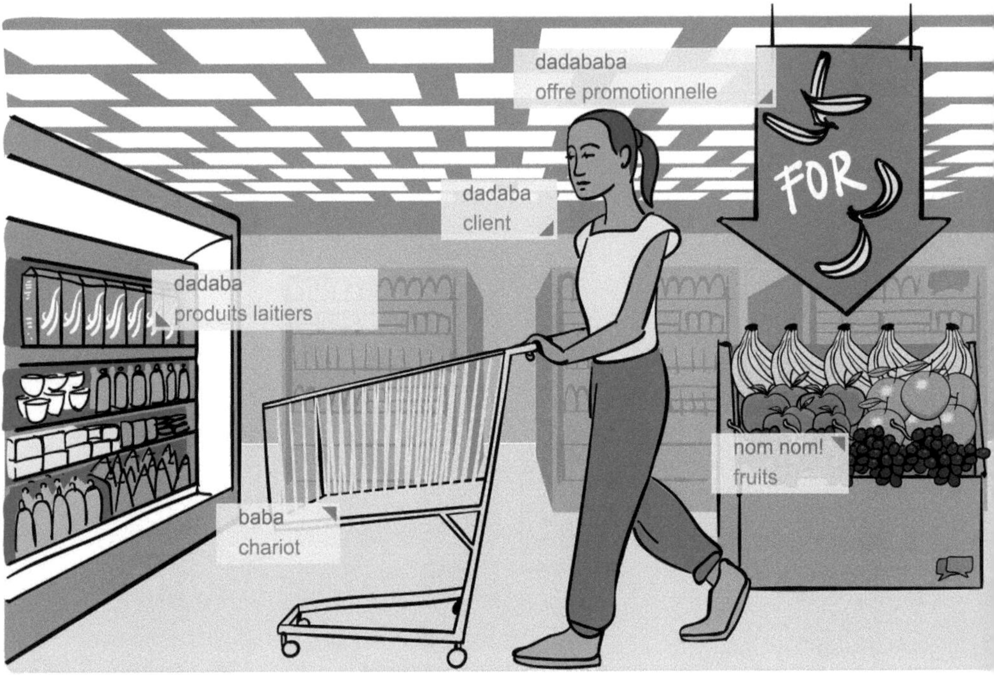

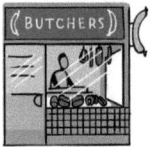

nom! nom!

boulangerie

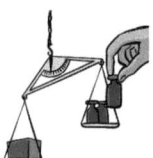

bababa

peser

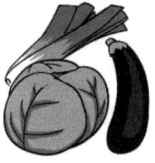

bähbäh

légumes

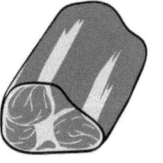

nom nom!

viande

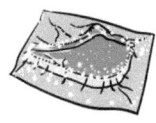

nomnom

aliments surgelés

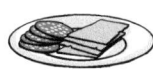

nom nom!

charcuterie

nomnom

conserves

bababa

poudre à lessive

baba

bonbons

dadaba

articles ménagers

dadababa

détergents

bababa

vendeuse

bababa

caisse

dadaba

caissier

dada

liste d'achats

dadababa

heures d'ouverture

baba

portefeuille

babadada

carte de crédit

dadababa

sac

dadababa

sac en plastique

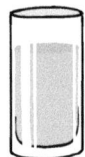

wasa

eau

dadadada

jus de fruit

badada

lait

ba

coca

bababa

vin

dadadada

bière

dadaba

alcool

bababa

chocolat chaud

dadababa

thé

dada

café

dadaba

expresso

dadababa

cappuccino

nane

banane

nom nom!

pomme

bababa

orange

nom nom!

melon

nom nom!

citron

bähbäh

carotte

bada meh

ail

dadaba

bambou

dadaba

oignon

nom nom!

champignon

nom nom!

noisettes

nom nom!

pâtes

nom nom!

spaghetti

nom nom!

riz

nom nom!

salade

nom nom!

pommes frites

nom nom!

pommes de terre rôties

nom nom!

pizza

nom nom!

hamburger

nom nom!

sandwich

nom nom!

escalope

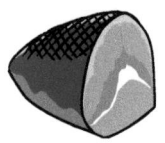

nom nom!

jambon

nom nom!

salami

nom nom!

saucisse

gack gack

poulet

nom nom!

rôti

nom nom!

poisson

nom nom!

flocons d'avoine

bähbäh

muesli

nom nom!

cornflakes

nom nom!

farine

nom nom!

croissant

babadada

petits-pains

nom! nom!

pain

nom nom!

pain grillé

nom nom!

biscuits

nom nom!

beurre

nom nom!

le fromage blanc

nom nom

gâteau

dadaba

œuf

nom nom!

œuf au plat

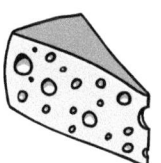

bada muh

fromage

nom nom!

glace

nom nom!

sucre

baba summ

miel

nom nom!

confiture

nom nom!

crème nougat

babadada

curry

dadaba

ferme

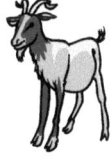

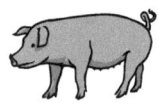

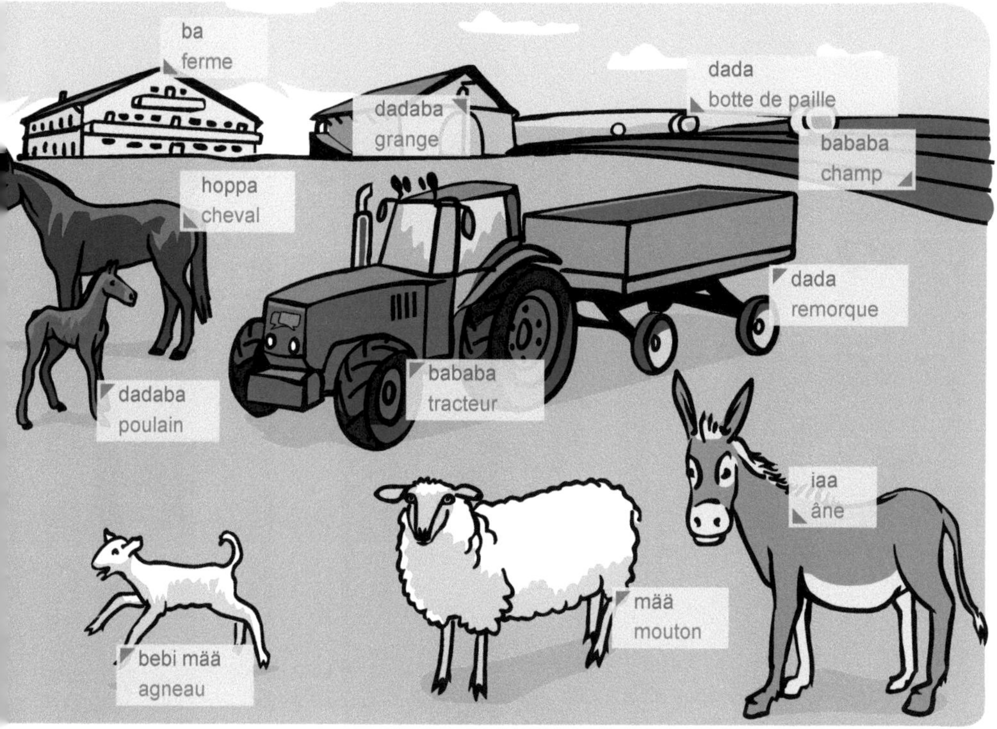
ba
ferme
dadaba
grange
dada
botte de paille
bababa
champ
hoppa
cheval
dada
remorque
dadaba
poulain
bababa
tracteur
iaa
âne
mää
mouton
bebi mää
agneau

baba

chèvre

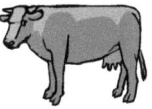

muh

vache

mimuh

veau

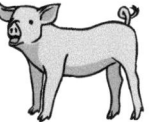

mama oink

porc

oink

porcelet

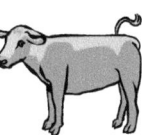

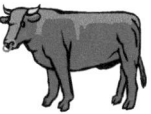

dadadada

taureau

gackgack

oie

gackquack

canard

gacki

poussin

gackgack

poule

gacko

coq

dada

rat

mau

chat

bababa

souris

muh

bœuf

wauwau

chien

wauwau

chenil

baba

tuyau de jardin

dadababa

arrosoir

baba

faucheuse

dadababa

charrue

baba

faucille

dadadada

pioche

dada

fourche

bababa

hache

babababa

brouette

baba

cuve

dada muh

pot à lait

dadababa

sac

badada

clôture

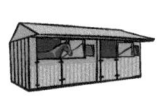

dadadada

étable

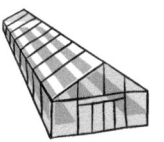

ba

serre

babadada

sol

baba

semences

baba

engrais

dadababa

moissonneuse-batteuse

bababa
récolter

dadadada
récolte

dadaba
igname

dadababa
blé

dadababa
soja

bababa
pomme de terre

badada
maïs

bababa
colza

bababa
arbre fruitier

dadadada
manioc

dadababa
céréales

dadaba
maison

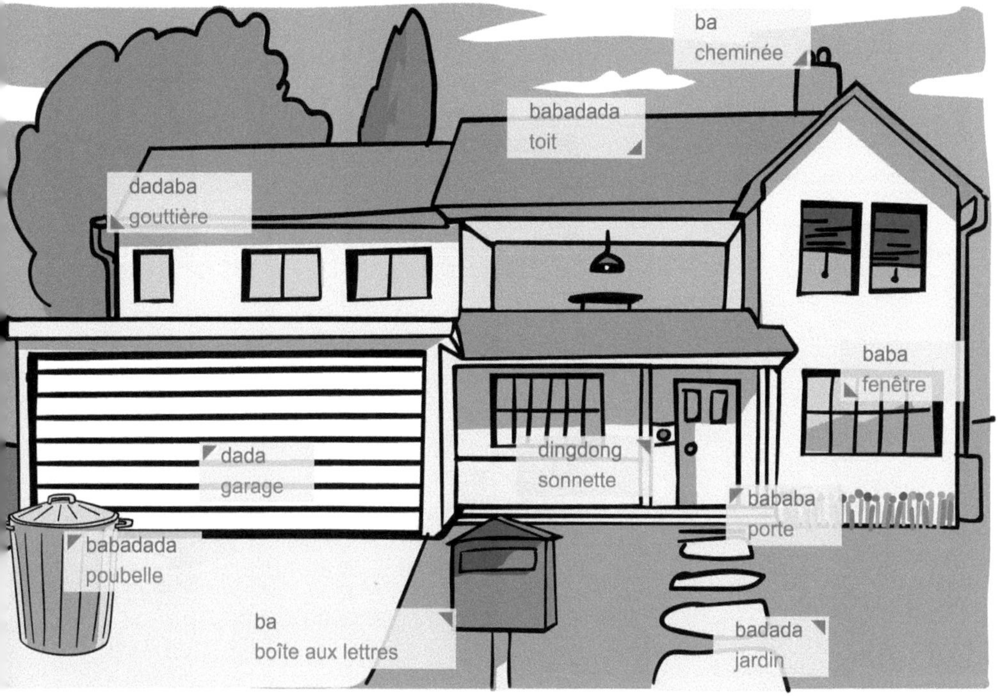

ba
cheminée
babadada
toit
dadaba
gouttière
baba
fenêtre
dada
garage
dingdong
sonnette
bababa
porte
babadada
poubelle
ba
boîte aux lettres
badada
jardin

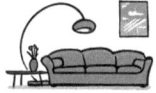

dadadada

salon

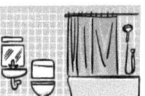

bababa

salle de bain

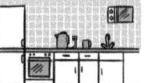

bababa

cuisine

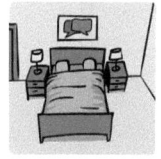

dadababa

chambre à coucher

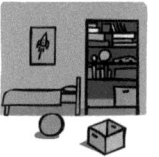

meina

chambre d'enfant

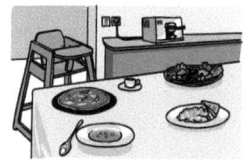

dadaba

salle à manger

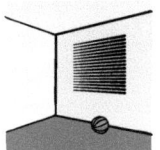

badada

sol

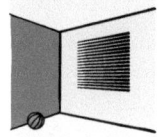

dadababa

mur

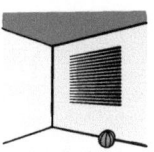

bababa

plafond

dada

cave

dadababa

sauna

babababa

balcon

dadadada

terrasse

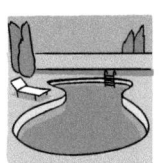

bababa

piscine

baba

tondeuse à gazon

dadaba

housse

babadada

couette

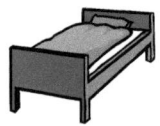

heia!

lit

dada

balai

dadaba

sceau

dadababa

interrupteur

dadadada

salon

dadadada
papier peint
badada
image
badada
lampe
dadadada
étagère
ba
armoire
dada gucki
télé
dadababa
cheminée
mama!
fleur
baba
coussin
dada
sofa
dadaba
vase
baba
télécommande

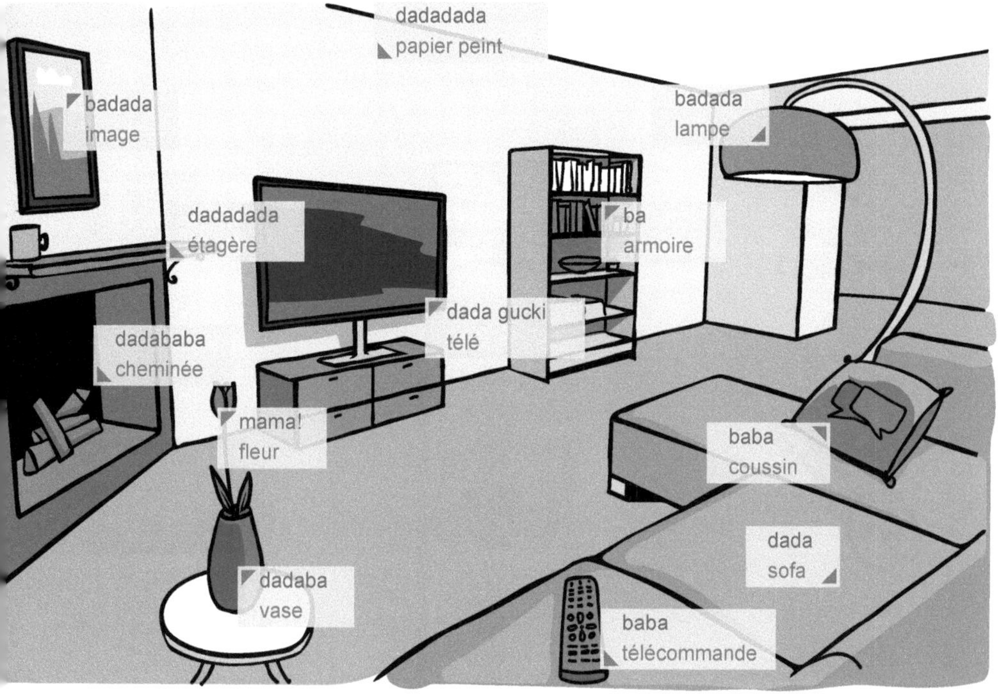

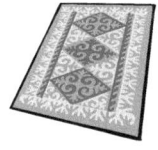

dada
tapis

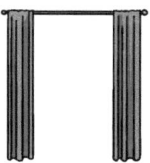

bababa
rideau

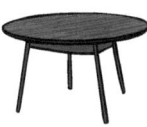

ba
table

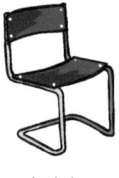

dadaba
chaise

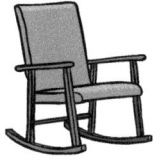

dadadada
chaise à bascule

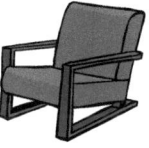

bababa
fauteuil

dadaba

livre

dadadada

couverture

dadaba

décoration

ba

bois de chauffage

dadadada

film

lala

chaîne hi-fi

babadada

clé

dadadada

journal

dadadada

peinture

bababa

poster

lala

radio

dadababa

bloc-notes

babadada

aspirateur

aua!

cactus

babadada

bougie

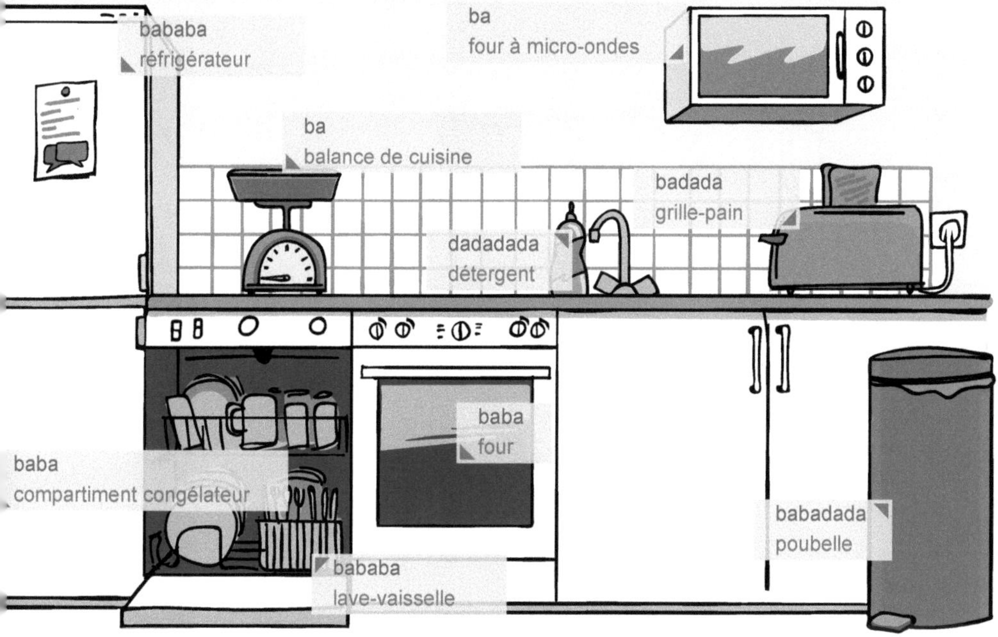

bababa
réfrigérateur

ba
four à micro-ondes

ba
balance de cuisine

badada
grille-pain

dadadada
détergent

baba
four

baba
compartiment congélateur

babadada
poubelle

bababa
lave-vaisselle

dada

four

dada

casserole

dada

marmite

baba / dada

wok / kadai

badada

poêle

ba

bouilloire electrique

dadababa

cuiseur vapeur

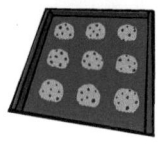

bababa

plaque de cuisson

dadaba

vaisselle

dadadada

gobelet

dadaba

coupe

baba

baguettes

dadaba

louche

dadadada

spatule

badada

fouet

dada

passoire

bababa

tamis

baba

râpe

dadababa

mortier

dada

barbecue

aua!

cheminée

dadababa

planche à découper

babababa

rouleau à pâtisserie

dadababa

tire-bouchon

dadadada

boîte

bababa

ouvre-boîte

dadababa

maniques

dadadada

lavabo

dadababa

brosse

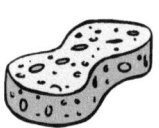

ba

éponge

aua!

mixeur

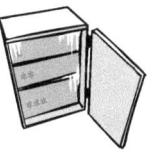

babadada

congélateur

bababa

biberon

dadadada

robinet

bababa
salle de bain

bababa
douche
babadada
chauffage
ba
serviette
babababa
rideau de douche
wasa
bain moussant
baba
baignoire
ba
verre
baba
machine à laver
dadadada
robinet
badada
carrelage
kaka
pot
dadadada
lavabo

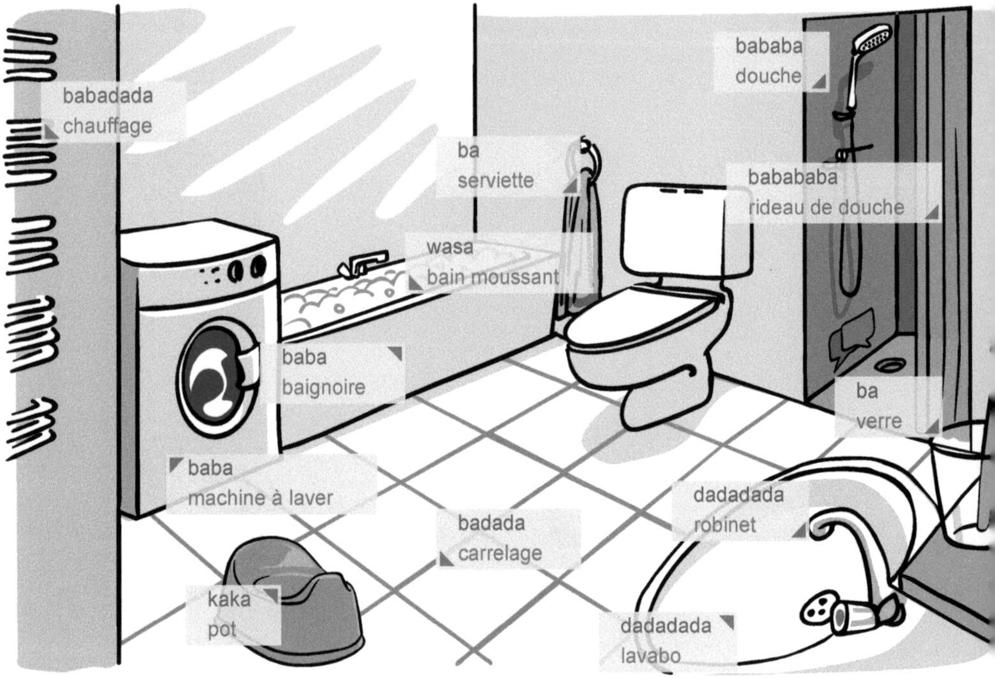

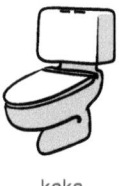

kaka

toilettes

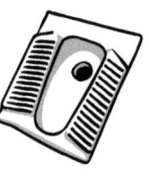

ba

toilette à la turque

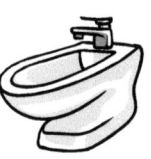

dadababa

bidet

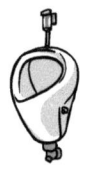

dadababa

urinoir

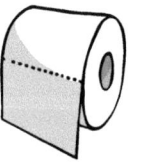

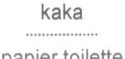

kaka

papier toilette

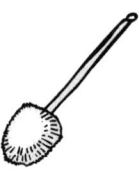

bababa

brosse à toilette

bababa
brosse à dents

nom! nom!
dentifrice

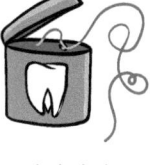

dadadada
fil dentaire

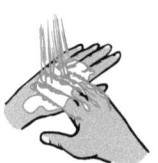

bababa
laver

babababa
douche manuelle

dadadada
douche intime

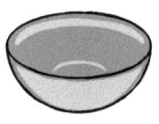

badada
vasque

dadadada
brosse dorsale

nom! nom!
savon

nom! nom!
gel douche

nom! nom!
shampooing

babadada
gant de toilette

dadaba
écoulement

nom! nom!
crème

babababa
déodorant

dadadada

miroir

dadadada

miroir cosmétique

ba

rasoir

nom! nom!

mousse à raser

nam! nam!

après-rasage

dadababa

peigne

baba

brosse

dadadada

sèche-cheveux

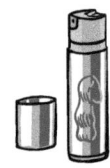

badada

laque pour cheveux

dadaba

fond de teint

mama!

rouge à lèvres

ba

vernis à ongles

bababa

ouate

dadadada

coupe-ongles

bababa

parfum

dadadada

trousse de toilette

bababa

tabouret

dadadada

pèse-personne

ba

peignoir

babababa

gants de nettoyage

ba

tampon

bababa

serviettes hygiéniques

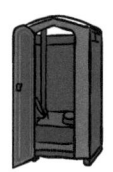

baba

toilette chimique

meina
chambre d'enfant

bababa
réveil
bababa
doudou
auto
voiture jouet
dadadada
hochet
bababa
maison de poupée
babababa
cadeau

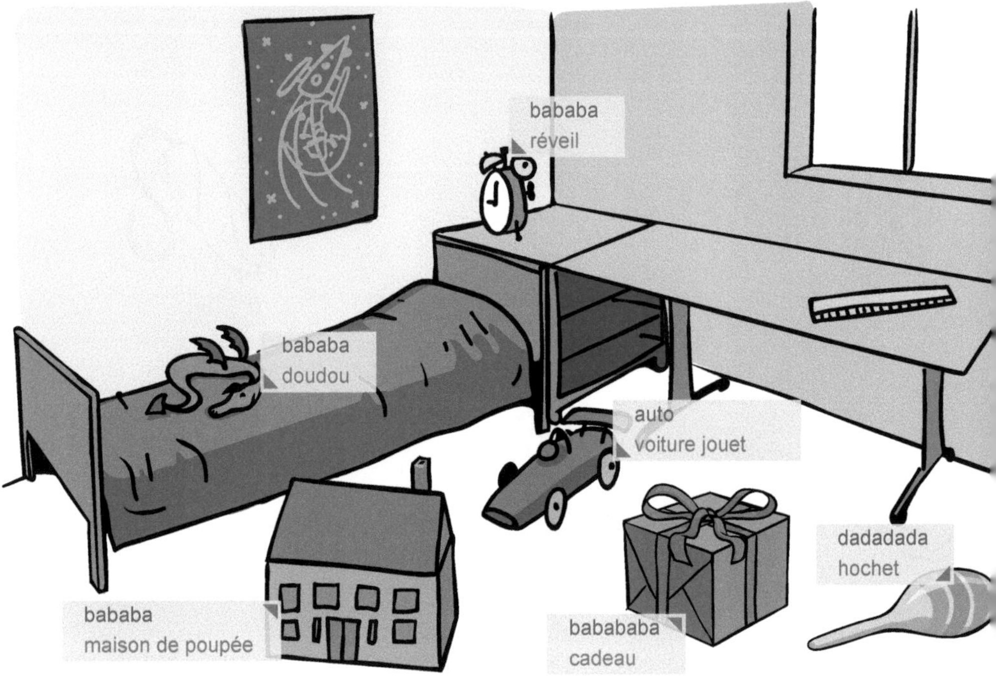

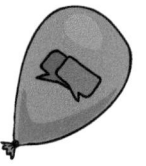

dadadada

ballon

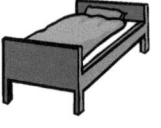

heia!

lit

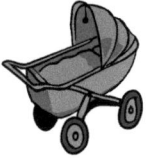

dadaba

poussette

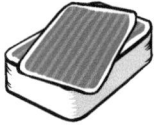

dadababa

jeu de cartes

bababa

puzzle

SUPER
MEGA

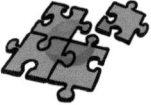

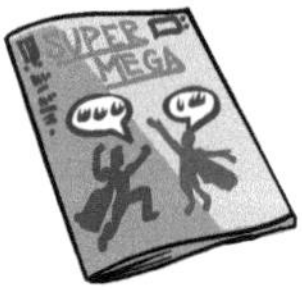

dadababa

bande dessinée

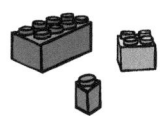

badada

pièces lego

badada

blocs de construction

dada

figurine

dadadada

grenouillère

dadaba

frisbee

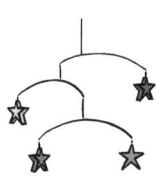

dadaba

mobile

ba

jeu de société

baba

dé

dadababa

train miniature

lula

sucette

baba

fête

dadaba

livre d'images

dada

balle

dada

poupée

badada

jouer

dadaba

bac à sable

babababa

balançoire

dadababa

jouets

dadaba

console de jeu

babadada

tricycle

dadababa

ours en peluche

dadaba

armoire

baba

vêtements

dadadada

chaussettes

ba

bas

dada

collant

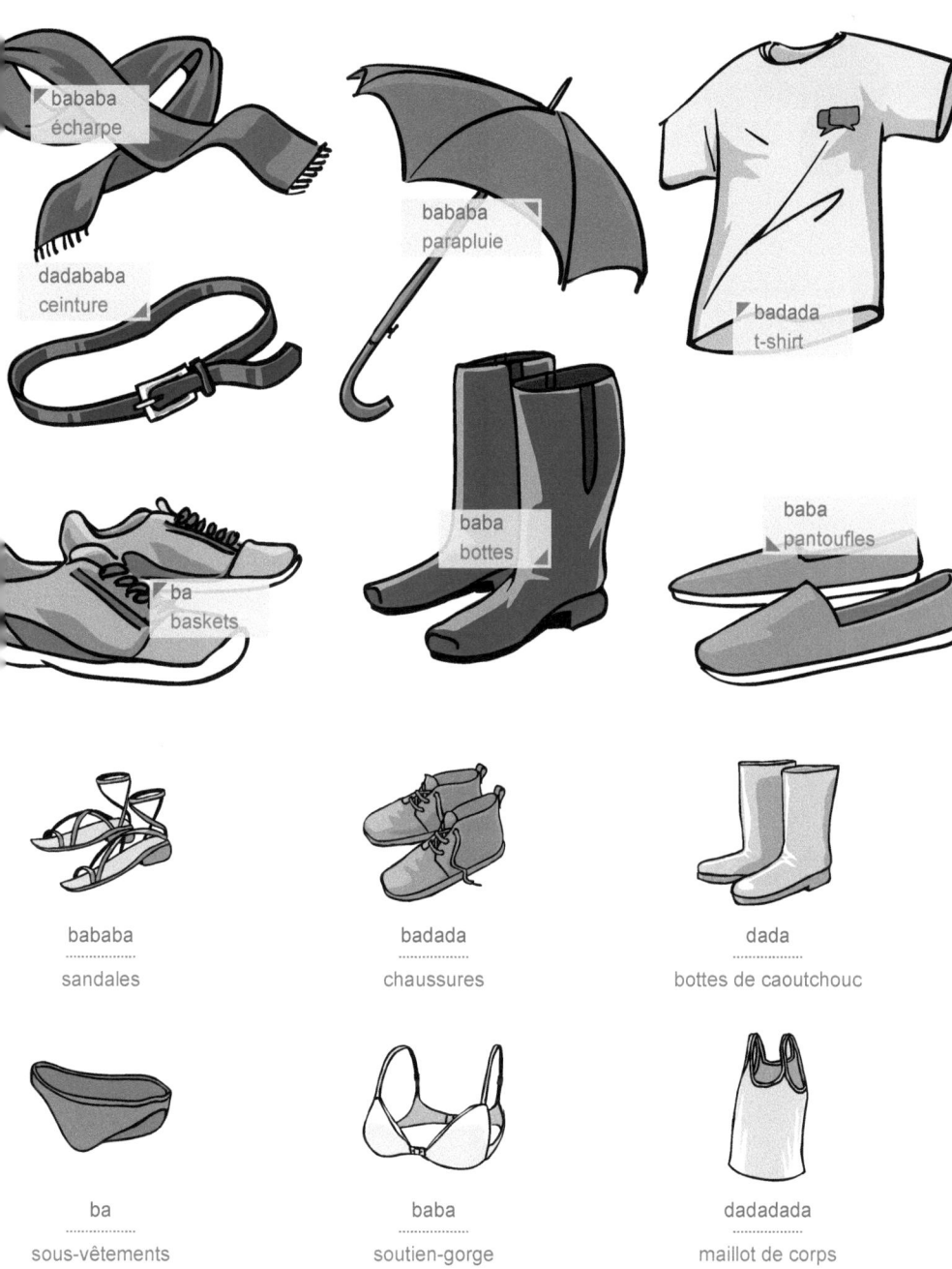

bababa
écharpe

dadababa
ceinture

bababa
parapluie

badada
t-shirt

ba
baskets

baba
bottes

baba
pantoufles

bababa
....
sandales

badada
....
chaussures

dada
....
bottes de caoutchouc

ba
....
sous-vêtements

baba
....
soutien-gorge

dadadada
....
maillot de corps

badada

body

ba

pantalon

bababa

jean

dada

jupe

bababa

chemisier

dadadada

chemise

baba

pull

baba

sweat à capuche

babadada

veste

baba

veste

bababa

manteau

dadababa

imperméable

bababa

costume

ba

robe

dadaba

robe de mariée

dadadada
costume

babababa
chemise de nuit

heia
pyjama

baba
sari

dadadada
foulard

dada
turban

dada
burqa

baba
caftan

dadadada
abaya

wasa
maillot de bain

bababa
maillot de bain

dadababa
short

babababa
tenue d'entraînement

baba
tablier

babababa
gants

dadaba

bouton

babadada

lunettes

dada

bracelet

dadababa

collier

bababa

bague

dadababa

boucle d'oreille

dada

bonnet

babadada

cintre

dadababa

chapeau

bababa

cravate

badada

fermeture éclair

dadaba

casque

dada

bretelles

babadada

uniforme scolaire

bababababa

uniforme

namnam
bavoir

lula
sucette

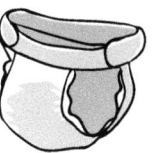

kaka!
lange

baba
bureau

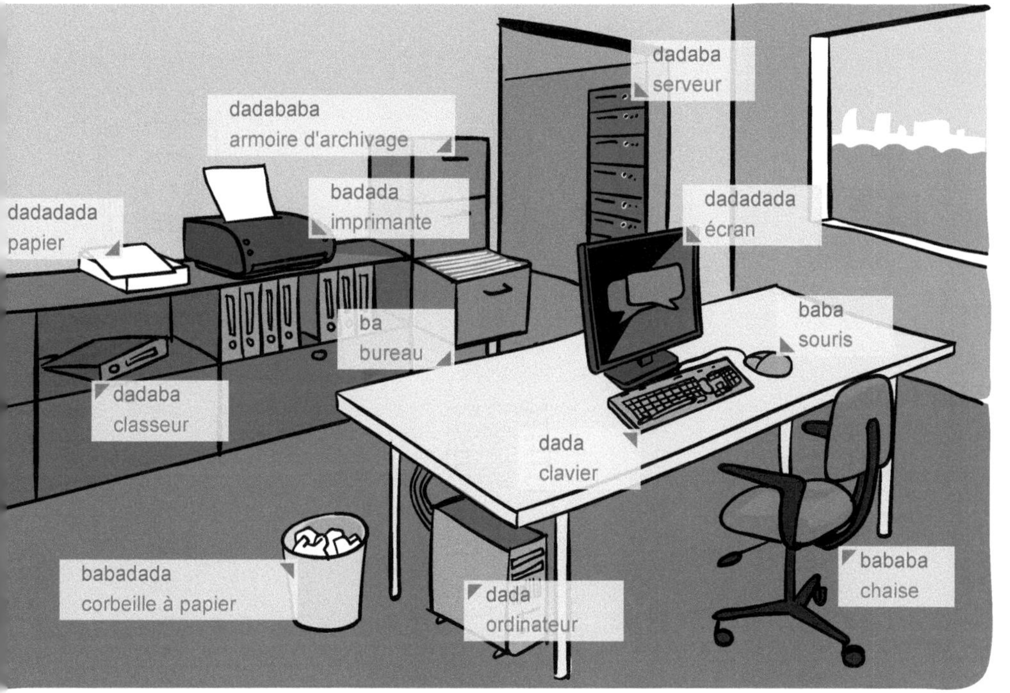

dadaba
serveur

dadababa
armoire d'archivage

badada
imprimante

dadadada
papier

dadadada
écran

ba
bureau

baba
souris

dadaba
classeur

dada
clavier

babadada
corbeille à papier

dada
ordinateur

bababa
chaise

dada
tasse de café

bababa
calculatrice

da da
internet

papa!

ordinateur portable

dadababa

lettre

ba

message

fon

portable

bababa

réseau

ba

photocopieuse

bababa

logiciel

dada bing

téléphone

aua!

prise

bababa

fax

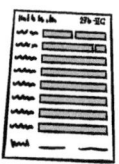

dadaba

formulaire

bababa

document

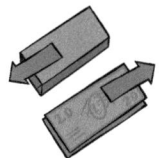

baba

acheter

dadadada

payer

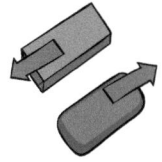

dadaba

faire du commerce

badada

monnaie

babadada

dollar

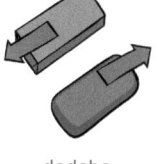

dadaba

euro

bababa

yen

ba

rouble

dada

franc suisse

dada

renminbi yuan

ba

roupie

ba

distributeur automatique

dadadada

bureau de change

dadadada

or

baba

argent

dadadada

pétrole

ba

énergie

dadadada

prix

baba

contrat

bababa

taxe

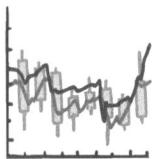

dadadada

action

dadaba

travailler

dadadada

employé

dadababa

employeur

dadaba

usine

ba

magasin

baba
agent de police

dada
pompier

bababababa
cuisinier

aua!
médecin

bababa
pilote

bababa

jardinier

bababa

menuisier

baba

couturière

bababa

juge

dadaba

chimiste

dadababa

acteur

ba

conducteur de bus

auto mann

chauffeur de taxi

bababa

pêcheur

dadadada

femme de ménage

dadadada

couvreur

dadadada

serveur

badada

chasseur

dadadada

peintre

dadababa

boulanger

papa!

électricien

babababa

ouvrier

bababa

ingénieur

dadababa

boucher

dadadada

plombier

bababa

facteur

ba - professions

dadadada

soldat

ba

architecte

dadaba

caissier

bababa

fleuriste

babadada

coiffeur

bababa

contrôleur

dadaba

mécanicien

dada

capitaine

badada

dentiste

ba

scientifique

bababa

rabbin

dadaba

imam

dada

moine

dadadada

prêtre

dada
outils

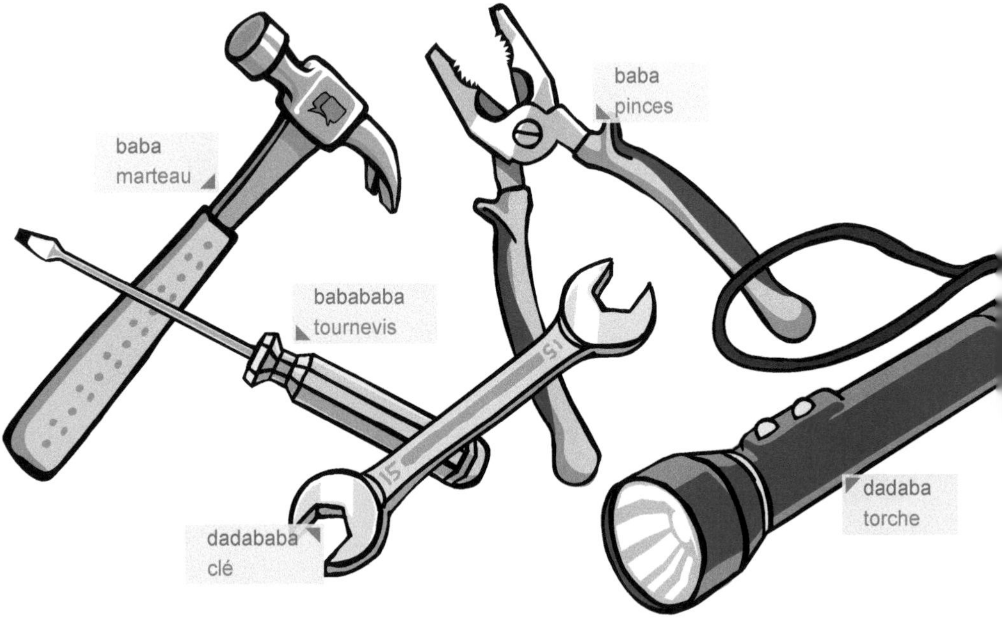

baba
marteau
baba
pinces
babababa
tournevis
dadababa
clé
dadaba
torche

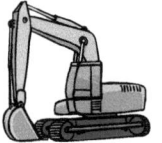

dadaba
pelleteuse

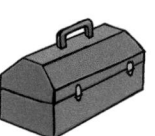

baba
boîte à outils

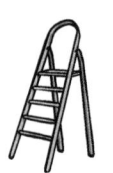

babababa
échelle

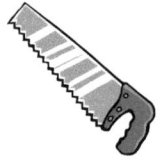

dadaba
scie

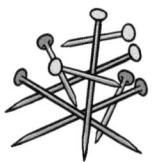

babadada
clous

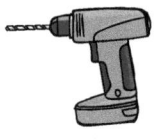

dada
perceuse

dadababa
·············
réparer

dada
·············
pelle

aua!
·············
Mince !

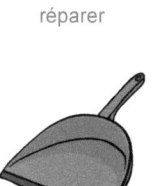

dada
·············
pelle

dadaba
·············
pot de peinture

babababa
·············
vis

bababa
instruments de musique

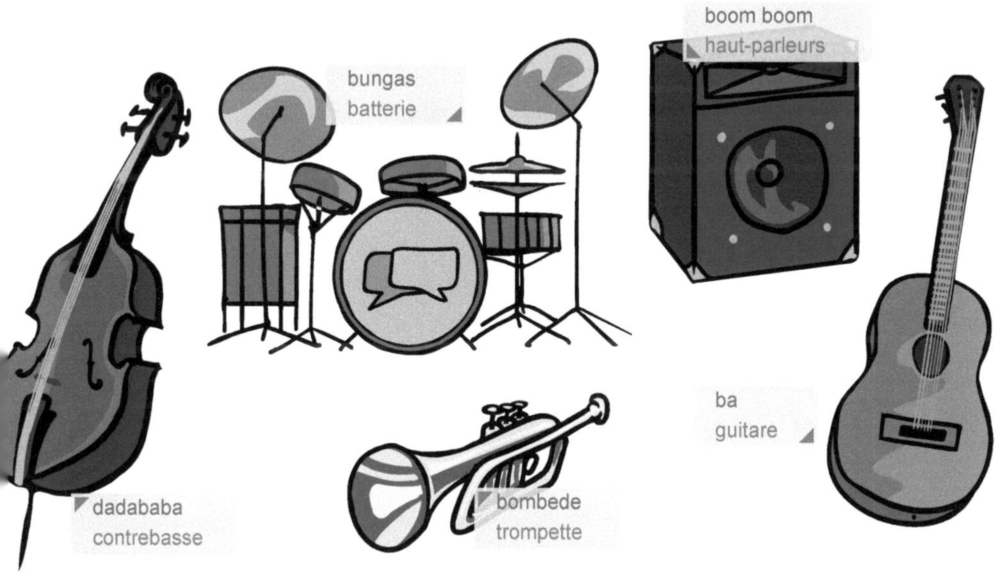

bungas
batterie

boom boom
haut-parleurs

ba
guitare

dadababa
contrebasse

bombede
trompette

bingbing

piano

bababa

violon

ba

basse

badada

timbales

bunga bunga

tambour

badada

piano électrique

dadababa

saxophone

dadababa

flûte

dadadada

microphone

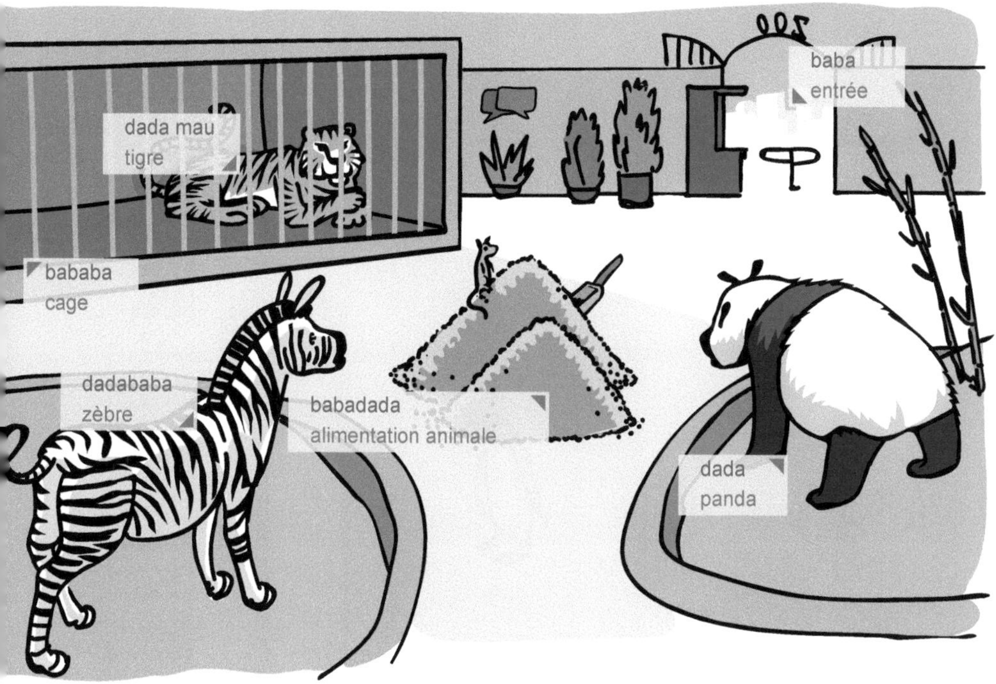

baba
entrée

dada mau
tigre

bababa
cage

dadababa
zèbre

babadada
alimentation animale

dada
panda

dadadada

animaux

bababa

éléphant

dadaba

kangourou

babadada

rhinocéros

dada

gorille

bababababa

ours

dadaba

chameau

gackgack

autruche

babadada

lion

dadaba

singe

gackgack

flamand rose

bababa

perroquet

bababa

ours polaire

dada

pingouin

bababa

requin

dadaba

paon

badada

serpent

babababa

crocodile

dadadada

gardien de zoo

dada

phoque

bababa

jaguar

bababa - zoo

ei!

poney

dadadada

léopard

dada

hippopotame

babababa

girafe

bababa

aigle

babadada

sanglier

nom nom!

poisson

dadadada

tortue

anje

morse

dadadada

renard

bababa

gazelle

dadababa
american Football

dadaba
cyclisme

bum bum
tennis

ball
basket-ball

badada
natation

aua!
boxe

baba
hockey sur glace

dadadada
football

badada
badminton

dadababa
athlétisme

ball
handball

dadadada
ski

baba
polo

dadadada
activités

baba
rire
dada
sauter
bababa
embrasser
dada
marcher
dadababa
chanter
dadababa
rêver
dadadada
prier
mama!
faire la bise

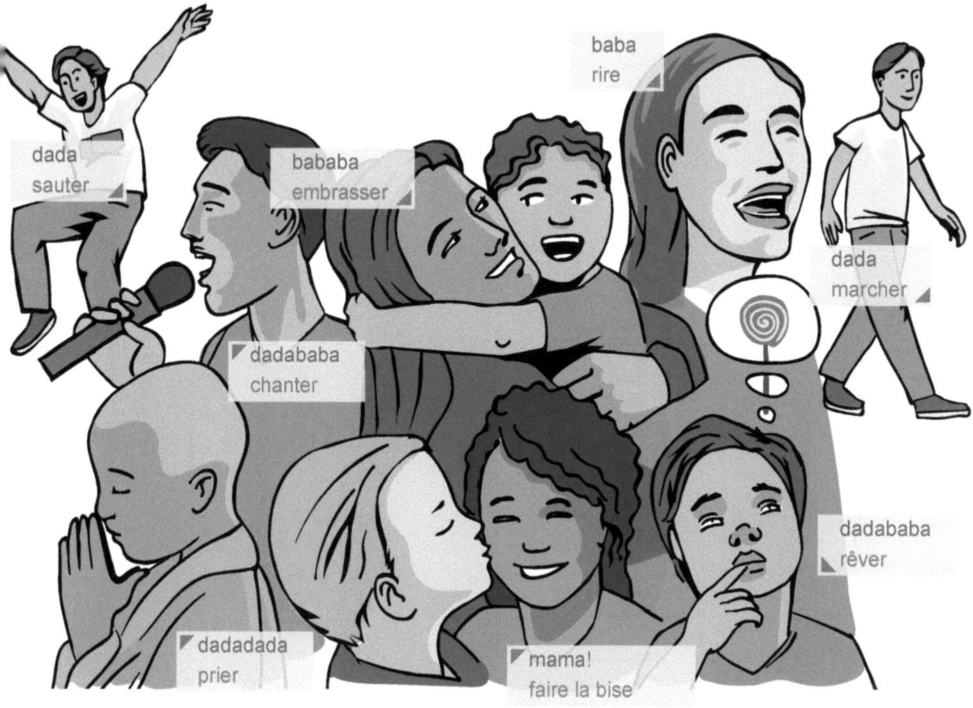

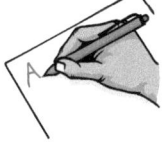

dadaba

écrire

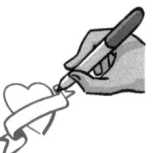

dada

dessiner

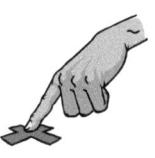

dadababa

montrer

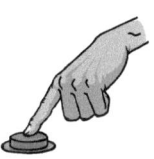

dada

pousser

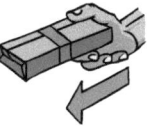

badada

donner

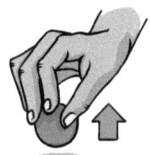

dadaba

prendre

dadaba

avoir

dadadada

faire

babadada

être

dadadada

être debout

baba

courir

dadababa

trier

dadadada

jeter

dadaba

tomber

badada

être couché

dadaba

attendre

bababa

porter

ba

être assis

dadababa

s'habiller

heia!

dormir

bababa

se réveiller

babababa

regarder

baaaaaa

pleurer

dadadada

caresser

bababa

peigner

bababa

parler

baba

comprendre

badada

demander

dadababa

écouter

bababa

boire

nomnom!

manger

badada

ranger

ba

aimer

badada

cuire

dadababa

conduire

dadadada

voler

dadababa

faire de la voile

dadababa

calculer

dadadada

lire

dadababa

apprendre

dadaba

travailler

baba

se marier

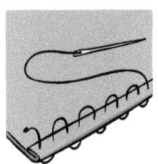

dada

coudre

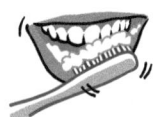

aua!

brosser les dents

aua!

tuer

dadababa

fumer

bababab

envoyer

oma!
grand-mère

opa!
grand-père

papa!
père

mama!
mère

bebi
bébé

ba
fille

badada
fils

baba

hôte

ba

tante

bababa

oncle

nein!

frère

nein!

sœur

corps

bababa
front
dada
œil
bababa
épaule
dada
doigt
dada
visage
dadababa
menton
baba
main
dadaba
jambe
da
poitrine
bababa
bras

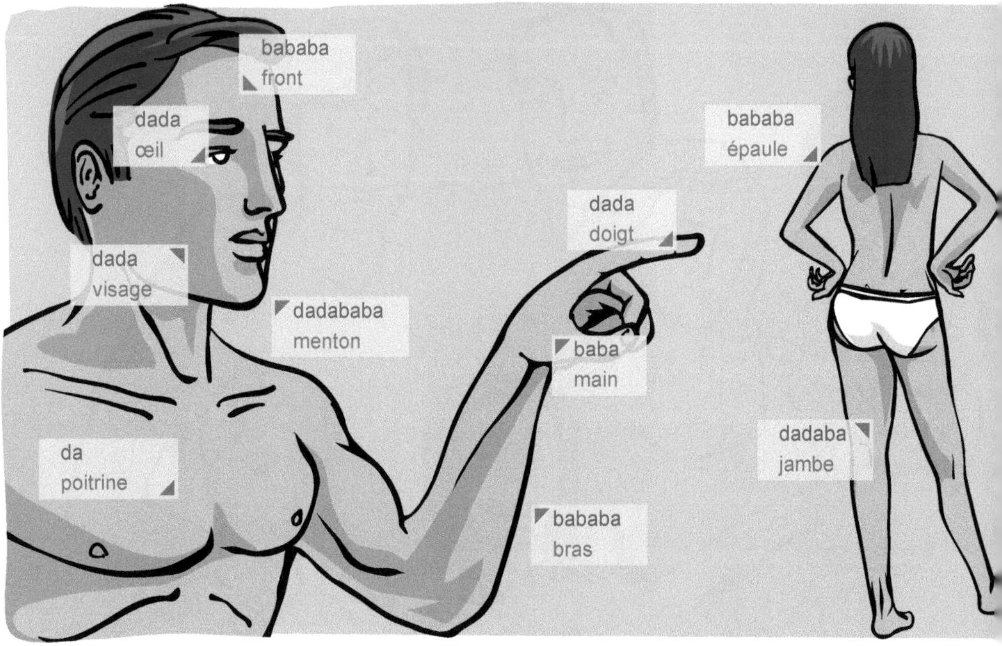

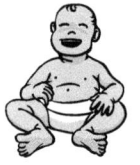

bebi

bébé

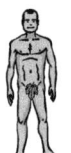

papa!

homme

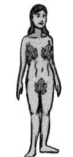

mama

femme

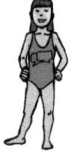

baba

fille

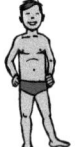

babadada

garçon

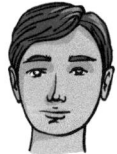

bababa

tête

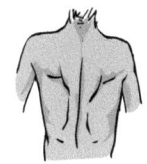

baba

dos

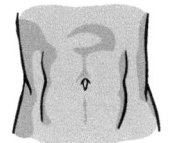

dadababa

ventre

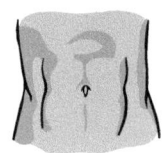

dada

nombril

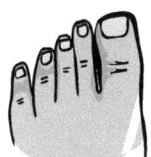

dadababa

orteil

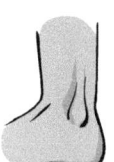

ba

talon

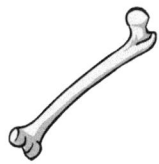

badada

os

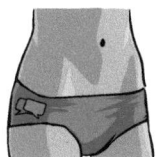

bababa

hanche

dada

genou

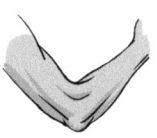

dadadada

coude

bababa

nez

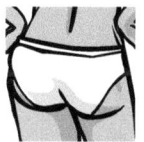

popo

fesses

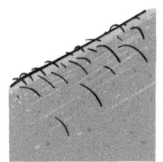

dadaba

peau

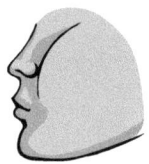

badada

joue

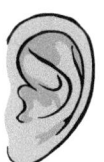

dada

oreille

babababa

lèvre

dadababa
bouche

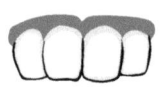

dadadada
dent

baba
langue

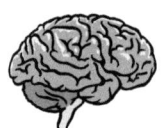

dadadada
cerveau

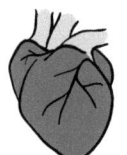

baba
cœur

dada
muscle

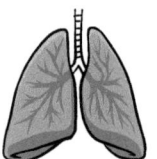

dada
poumons

dada
foie

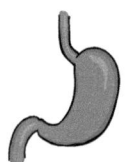

dadababa
estomac

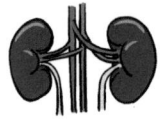

dadaba
reins

babadada
rapport sexuel

dada
préservatif

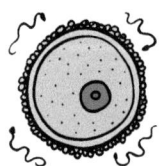

badada
ovule

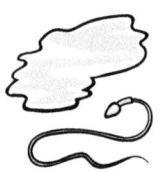

dadababa
sperme

dadababa
grossesse

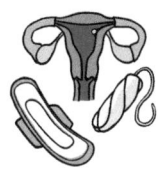

ba
....
menstruation

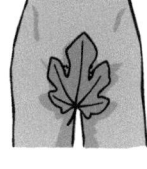

mumu
....
vagin

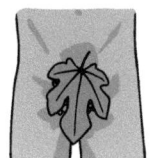

pipi
....
pénis

dada
....
sourcil

dadababa
....
cheveux

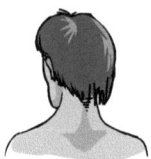

bababa
....
cou

aua!
hôpital

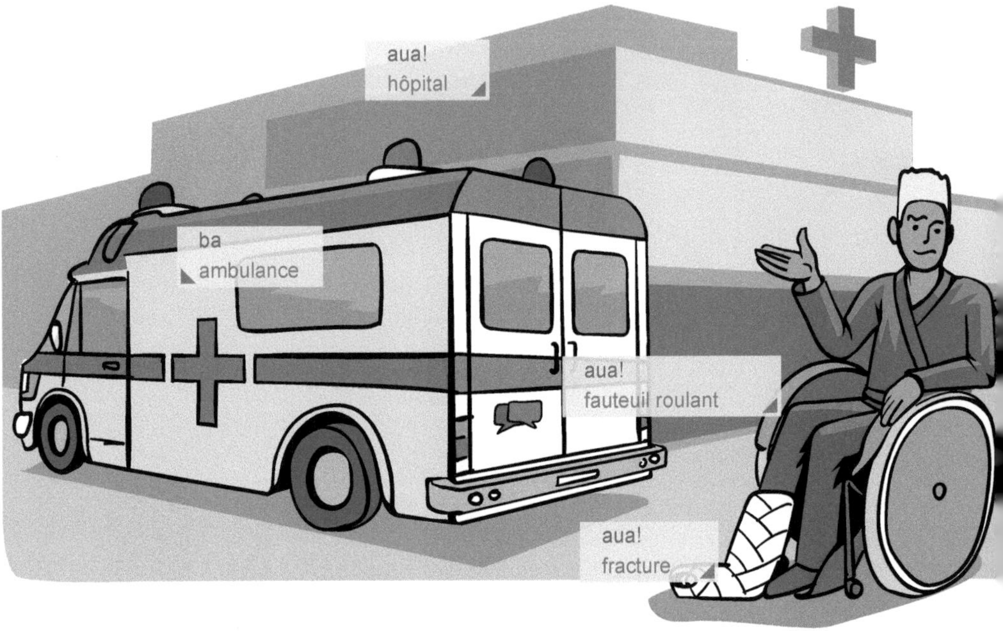

ba
ambulance

aua!
fauteuil roulant

aua!
fracture

aua!

médecin

aua!

service des urgences

aua!

infirmière

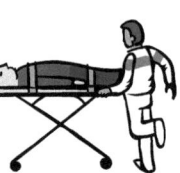

aua!

urgence

aua!

inconscient

dadababa

douleur

aua!

blessure

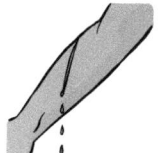

dadadada

hémorragie

aua!

crise cardiaque

aua!

attaque cérébrale

dadababa

allergie

aua!

toux

aua!

fièvre

aua!

grippe

aua!

diarrhée

aua!

mal de tête

aua!

cancer

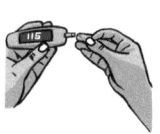

aua!

diabète

aua!

chirurgien

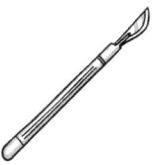

aua!

scalpel

aua!

opération

aua!

CT

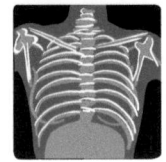

aua!

radiographie

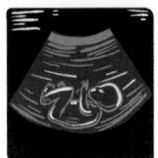

aua!

échographie

aua!

masque

aua!

maladie

aua!

salle d'attente

aua!

béquille

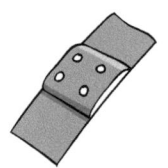

aua!

pansement

dadababa

pansement

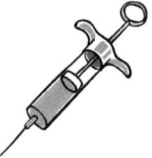

aua!

injection

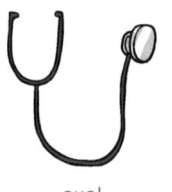

aua!

stéthoscope

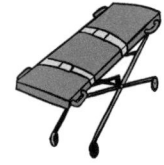

aua!

brancard

aua!

thermomètre

aua! bebi!

accouchement

aua!

surcharge pondérale

aua!
....
appareil auditif

aua!
....
désinfectant

aua!
....
infection

aua!
....
virus

aua!
....
VIH / sida

aua!
....
médicament

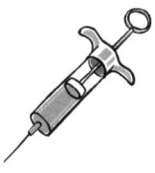

aua!
....
vaccination

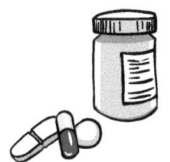

aua!
....
comprimés

dadaba
....
pilule

aua!
....
appel d'urgence

aua!
....
tensiomètre

da / ba
....
malade / sain

aua!

Au secours !

aua!

alarme

aua!

assaut

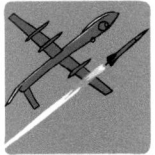

aua!

attaque

aua!

danger

dadadada

sortie de secours

dadaba

Au feu!

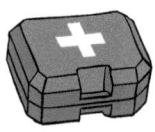

dadaba

extincteur

aua! aua!

accident

aua!

trousse de premier secours

baba

SOS

dadadada

police

badada

Europe

dadaba

Amérique du Nord

dadababa

Amérique du Sud

dadaba

Afrique

dadaba

Asie

babababa

Australie

badada

Océan atlantique

dadaba

Océan pacifique

baba

Océan indien

bababa

Océan antarctique

dadababa

Océan arctique

bababa

pôle nord

dadababa

pôle sud

dadaba

Antarctique

dada

terre

dadaba

pays

badada

mer

dadadada

île

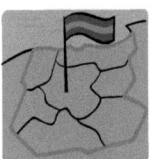

dadadada

nation

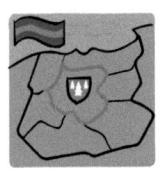

dadababa

état

baba

cadran

babadada

aiguille des heures

baba

aiguille des minutes

bababa

aiguille des secondes

dadababa

Quelle heure est-il ?

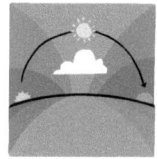

babadada

jour

dada

temps

baba

maintenant

dadababa

montre digitale

dadababa

minute

bababa

heure

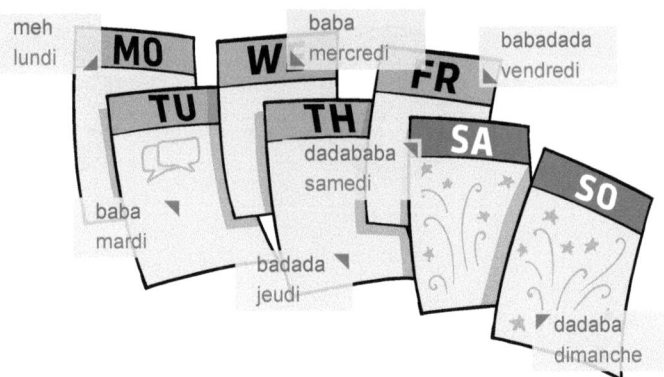

meh
lundi

baba
mercredi

babadada
vendredi

dadababa
samedi

baba
mardi

badada
jeudi

dadaba
dimanche

dadadada

hier

dadababa

aujourd'hui

dadaba

demain

baba

matin

baba

midi

dadadada

soir

dada

jours ouvrables

baba

week-end

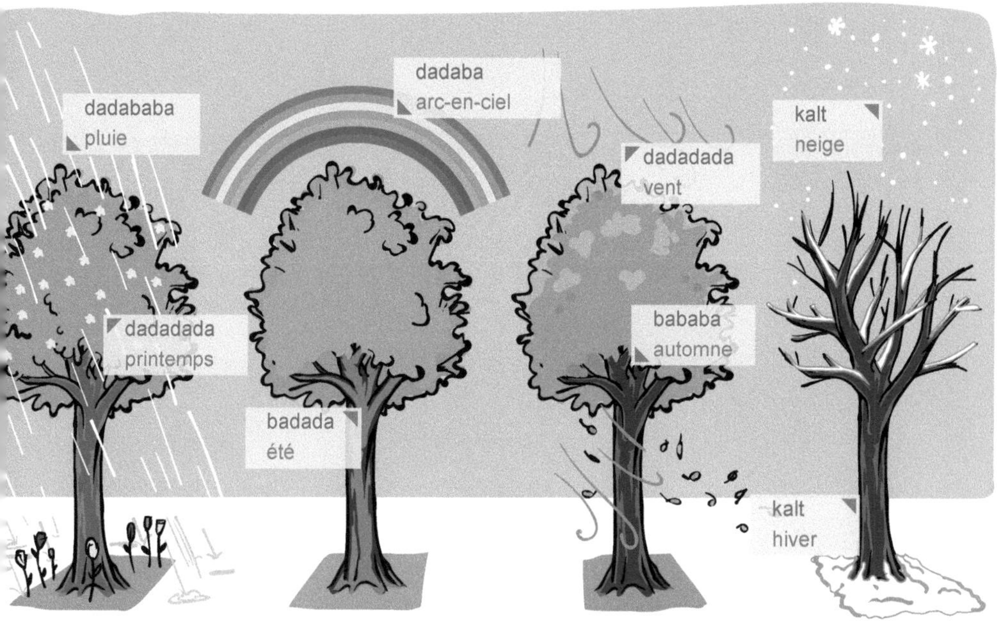

dadababa
pluie

dadaba
arc-en-ciel

kalt
neige

dadadada
vent

dadadada
printemps

bababa
automne

badada
été

kalt
hiver

dadababa

météo

bababa

thermomètre

ba

lumière du soleil

baba

nuage

dadadada

brouillard

dada

humidité

dadababa

foudre

dada

tonnerre

badada

tempête

dadababa

grêle

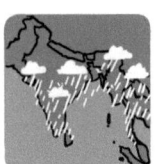

bababa

mousson

dadaba

inondation

dadadada

glace

dadaba

janvier

dadaba

février

bababa

mars

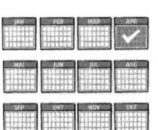

dadadada

avril

dadadada

mai

babababa

juin

baba

juillet

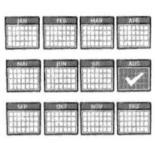

bababa

août

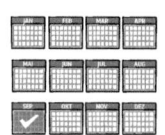

dadadada
....
septembre

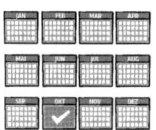

badada
....
octobre

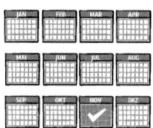

dadababa
....
novembre

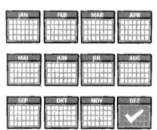

baba
....
décembre

dadababa
formes

baba
....
cercle

badada
....
carré

dadababa
....
rectangle

babababa
....
triangle

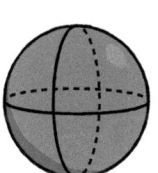

dadadada
....
sphère

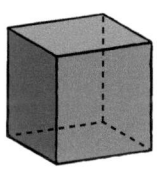

bababababa
....
cube

dadababa

blanc

babababa

jaune

baba

orange

dadadada

rose

babadada

rouge

dadababa

violet

dadadada

bleu

ba

vert

baba

marron

bababa

gris

badada

noir

da / ba

beaucoup / peu

da / ba

fâché / calme

da / ba

joli / laid

da / ba

début / fin

da / ba

grand / petit

da / ba

clair / obscure

da / ba

frère / soeur

da / ba

propre / sale

da / bada

complet / incomplet

da / ba

jour / nuit

da / ba

mort / vivant

da / ba

large / étroit

da / ba
....
comestible / incomestible

da / ba
....
méchant / gentil

ba / ba
....
excité / ennuyé

da / ba
....
gros / mince

ba / ba
....
premier / dernier

da / bada
....
ami / ennemi

da / ba
....
plein / vide

da / ba
....
dur / souple

da / ba
....
lourd / léger

da / bada
....
faim / soif

da / ba
....
malade / sain

da / ba
....
illégal / légal

da / ba
....
intelligent / stupide

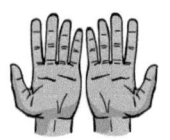

ba / ba
....
gauche / droite

da / ba
....
proche / loin

da / bada

nouveau / usé

da / ba

rien / quelque chose

ba / ba

vieux / jeune

da / ba

marche / arrêt

da / ba

ouvert / fermé

da / ba

faible / fort

ba / ba

riche / pauvre

da / ba

correct / incorrect

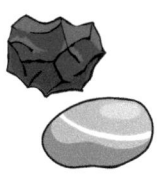

da / ba

rugueux / lisse

ba / ba

triste / heureux

da / ba

court / long

da / ba

lent / rapide

da / bada

mouillé / sec

da / bada

chaud / froid

da / ba

guerre / paix

0

dada

zéro

1

a

un / une

2

ba

deux

3

da ba da

trois

4

badabada

quatre

5

dadababa

cinq

6

dadaba

six

7

badada

sept

8

dadababa

huit

9

dadaba

neuf

10

dadadada

dix

11

badada

onze

12
baba

douze

13
bababa

treize

14
baba

quatorze

15
babadada

quinze

16
dadababa

seize

17
babababa

dix-sept

18
dadababa

dix-huit

19
bababa

dix-neuf

20
dadababa

vingt

100
baba

cent

1.000
baba

mille

1.000.000
dadababa

million

baba

anglais

babadada

anglais américain

dadababa

chinois mandarin

ba

hindi

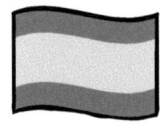

badada

espagnol

ohlala

français

babadada

arabe

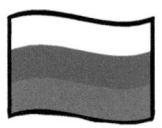

dadaba

russe

dada

portugais

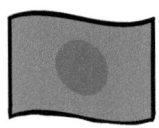

dadadada

bengali

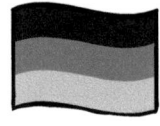

badada

allemand

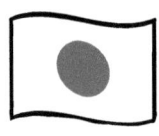

dadadada

japonais

a
je

dadadada
tu

da / da / da
il / elle / ce, c', cela

o ba ma
nous

babababa
vous

baba
ils / elles

dadadada
Qui ?

dadadada
Quoi ?

baba
Comment ?

babababa
Où ?

babadada
Quand ?

dadaba
nom

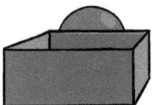

baba

derrière

dadaba

dans

baba

devant

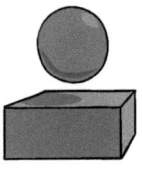

ba

au-dessus

baba

sur

dadababa

en-dessous

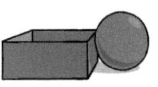

babababa

à côté de

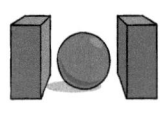

ba

entre

dada

lieu